Driebanden biljart: Zigzaggend patronen

Van professionele kampioentoernooien

Vergelijk jezelf met professionele spelers

Allan P. Sand
PBIA Gecertificeerde biljartinstructeur

ISBN 978-1-62505-270-4
PRINT 7x10

ISBN 978-1-62505-413-5
PRINT 8.5x11

First edition

Copyright © 2019 Allan P. Sand

All rights reserved under International and Pan-American Copyright Conventions.

Published by Billiard Gods Productions.
Santa Clara, CA 95051
U.S.A.

For the latest information about books and videos, go to: http://www.billiardgods.com

Acknowledgements
Wei Chao created the software that was used to create these graphics.

Inhoudsopgave

Invoering..1
Over de tabelconfiguraties 1
Tabel opstelling instructies...2
Doel van de twee tabellen..2
A: Middelste tafelzigzag **3**
A: Groep 1 3
A: Groep 2 8
A: Groep 3 13
B: Miniatuur zij-aan-zij zigzag **18**
B: Groep 1 18
B: Groep 2 23
B: Groep 3 28
B: Groep 4 33
B: Groep 5 38
C: Halve tafel zigzag **43**
C: Groep 1 43
C: Groep 2 48
C: Groep 3 53
C: Groep 4 58
D: 3/4 zigzagtafel...**63**
D: Groep 1 63
D: Groep 2 68
D: Groep 3 73
E: Volledige zigzagtafel **78**
E: Groep 1 78
E: Groep 2 83
F: Lange tafel zigzag...**88**
F: Groep 1 88
F: Groep 2 93
F: Groep 3 98
F: Groep 4 103
F: Groep 5 108

Other books by the author …

- 3 Cushion Billiards Championship Shots (a series)
- Carom Billiards: Some Riddles & Puzzles
- Carom Billiards: MORE Riddles & Puzzles
- Why Pool Hustlers Win
- Table Map Library
- Safety Toolbox
- Cue Ball Control Cheat Sheets
- Advanced Cue Ball Control Self-Testing Program
- Drills & Exercises for Pool & Pocket Billiards
- The Art of War versus The Art of Pool
- The Psychology of Losing – Tricks, Traps & Sharks
- The Art of Team Coaching
- The Art of Personal Competition
- The Art of Politics & Campaigning
- The Art of Marketing & Promotion
- Kitchen God's Guide for Single Guys

Invoering

Dit is een van de driebanden biljart die laten zien hoe professionele spelers beslissingen nemen, gebaseerd op de tafelindeling. Al deze tabelconfiguraties zijn afkomstig van internationale wedstrijden.

Deze tabelconfiguraties plaatsen je in het hoofd van de speler, te beginnen met de balposities (weergegeven in de eerste tabel). De indeling van de tweede tabel laat zien wat de speler heeft besloten te doen.

Over de tabelconfiguraties

Elke configuratie heeft twee tabelconfiguraties. De eerste tafel is de balposities. De tweede tafel is hoe de ballen op de tafel bewegen.

Dit zijn de drie ballen op tafel:

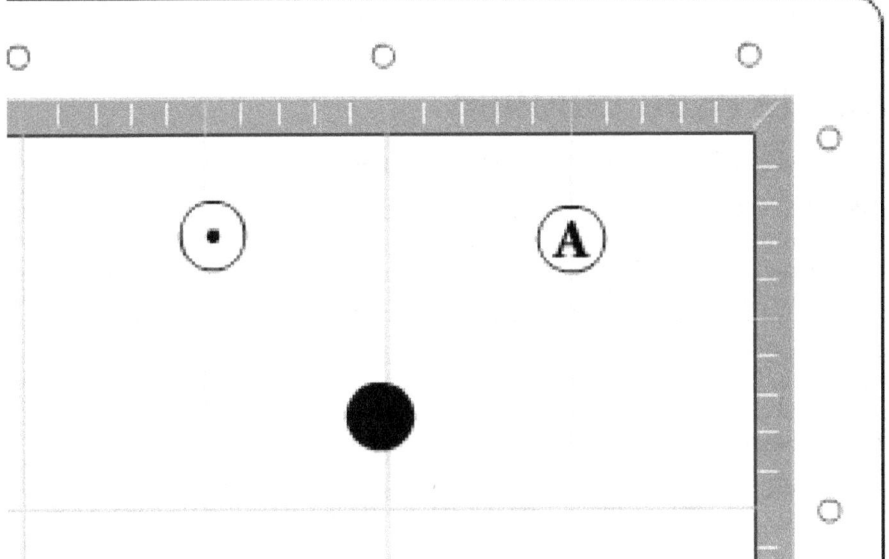

- Ⓐ (CB) (uw biljartbal)
- ⊙ (OB) (tegenstander biljartbal)
- ● (OB) (rode biljartbal)

Tabel opstelling instructies

Gebruik papierbandringen om de balposities te markeren (koop bij een kantoorwinkel).

Plaats een munt op elk biljartbanden dat de (CB) zal aanraken.

Vergelijk uw (CB) pad met de configuratie van de tweede tabel. Om te leren, hebt u mogelijk meerdere pogingen nodig. Stel na elke fout een aanpassing in en probeer het opnieuw totdat je succesvol bent.

Doel van de twee tabellen

Deze tabelconfiguraties zijn bedoeld voor twee doeleinden.

- Uw analyse - thuis kunt u overwegen hoe de configuratie in de eerste tabel moet worden afgespeeld. Vergelijk uw ideeën met het werkelijke patroon op de tweede tafel. Denk aan uw oplossing en overweeg opties. Vanuit de tweede tabel kunt u ook analyseren hoe u het patroon moet volgen. Speel de opstelling mentaal af en beslis hoe je succesvol kunt zijn.

- Oefen de tafelconfiguratie - plaats de ballen op hun plaats, volgens de eerste tabelconfiguratie. Probeer het tweede tabelpatroon te dupliceren. Je hebt misschien veel pogingen nodig voordat je de juiste manier vindt om te spelen. Dit is hoe je deze opstellingen kunt leren en spelen tijdens competities en toernooien.

De combinatie van mentale analyse en praktische oefening zal je een slimmere speler maken.

A: Middelste tafelzigzag

De (CB) komt van de eerste (OB) en gaat heen en weer aan de andere kant. Dit bevindt zich in het middelste gedeelte van de tabel.

Ⓐ (CB) (uw biljartbal) – ⊙ (OB) (tegenstander biljartbal) – ⬤ (OB) (rode biljartbal)

A: Groep 1

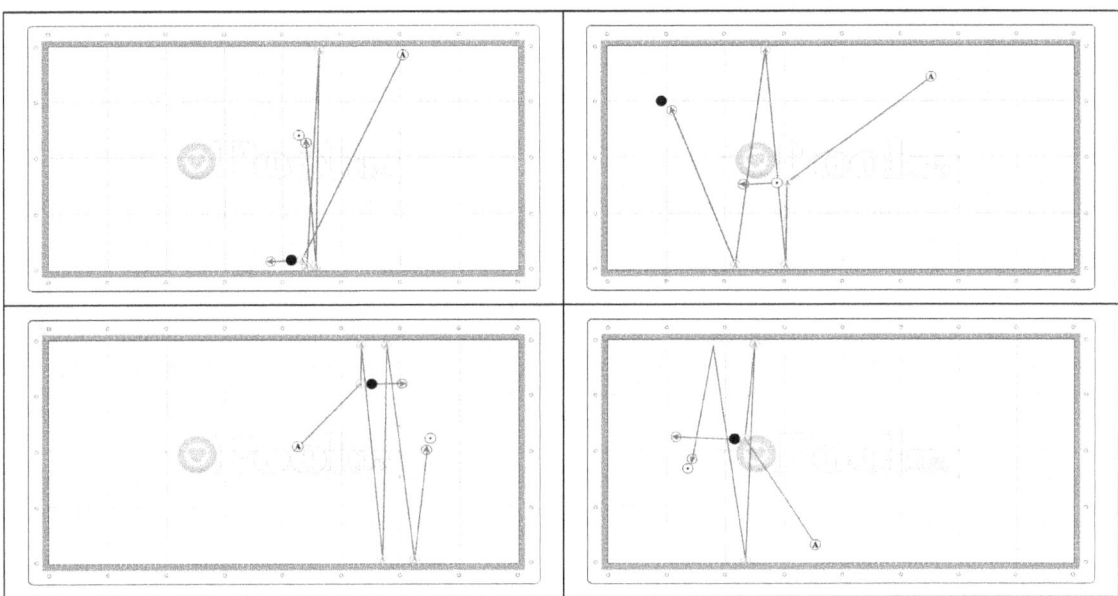

Analyse:

A:1a. _____

A:1b. _____

A:1c. _____

A:1d. _____

A:1a – Opstelling

Opmerkingen en ideeën:

Schotpatroon

A:1b – Opstelling

Opmerkingen en ideeën:

Schotpatroon

A:1c – Opstelling

Opmerkingen en ideeën:

Schotpatroon

A:1d – Opstelling

Opmerkingen en ideeën:

Schotpatroon

A: Groep 2

Analyse:

A:2a. _____

A:2b. _____

A:2c. _____

A:2d. _____

A:2a – Opstelling

Opmerkingen en ideeën:

Schotpatroon

A:2b – Opstelling

Opmerkingen en ideeën:

Schotpatroon

A:2c – Opstelling

Opmerkingen en ideeën:

Schotpatroon

A:2d – Opstelling

Opmerkingen en ideeën:

Schotpatroon

A: Groep 3

Analyse:

A:3a. _____

A:3b. _____

A:3c. _____

A:3d. _____

A:3a – Opstelling

Opmerkingen en ideeën:

Schotpatroon

A:3b – Opstelling

Opmerkingen en ideeën:

Schotpatroon

A:3c – Opstelling

Opmerkingen en ideeën:

Schotpatroon

A:3d – Opstelling

Opmerkingen en ideeën:

Schotpatroon

B: Miniatuur zij-aan-zij zigzag

De (CB) komt van de eerste (OB) en gaat vervolgens heen en weer. Al deze activiteit bevindt zich aan het einde van het tabelgebied.

(A) (CB) (uw biljartbal) – ⊙ (OB) (tegenstander biljartbal) – ● (OB) (rode biljartbal)

B: Groep 1

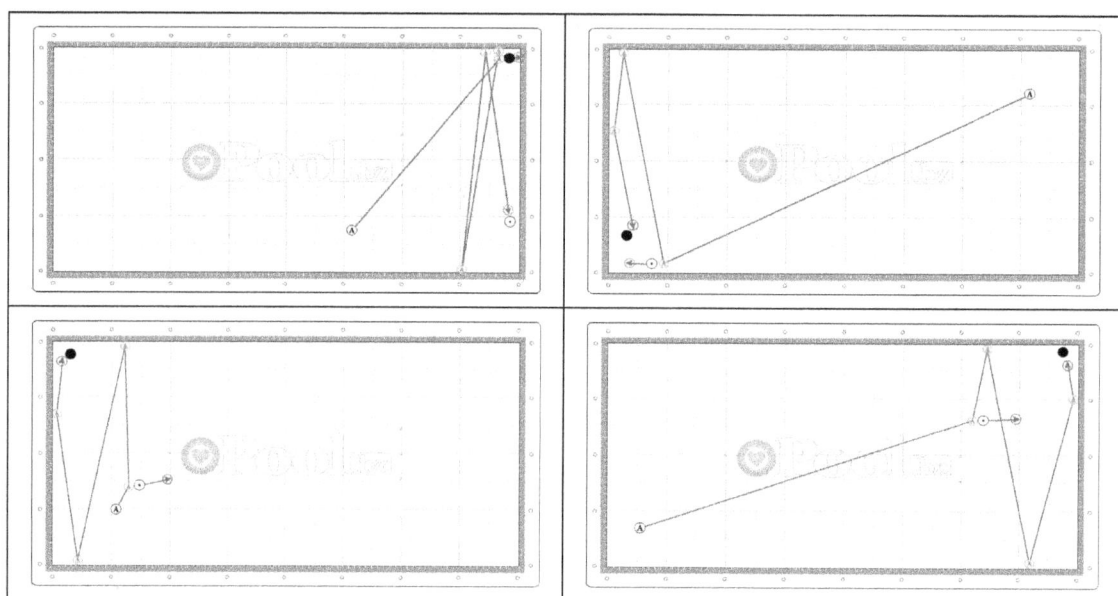

Analyse:

B:1a. _____

B:1b. _____

B:1c. _____

B:1d. _____

B:1a – Opstelling

Opmerkingen en ideeën:

Schotpatroon

B:1b – Opstelling

Opmerkingen en ideeën:

Schotpatroon

B:1c – Opstelling

Opmerkingen en ideeën:

Schotpatroon

B:1d – Opstelling

Opmerkingen en ideeën:

Schotpatroon

B: Groep 2

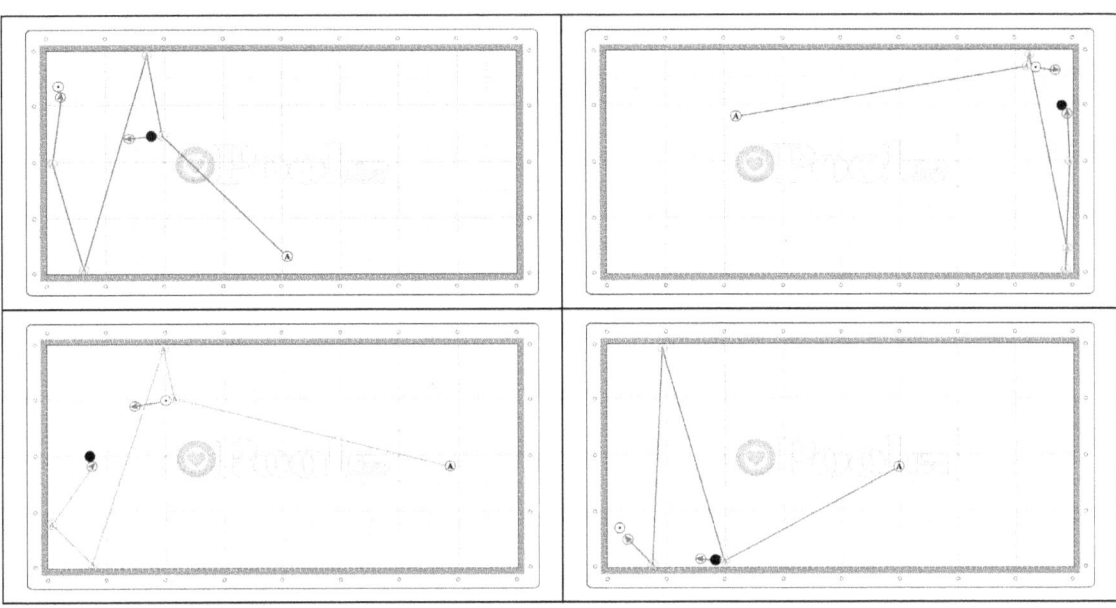

Analyse:

B:2a. _____

B:2b. _____

B:2c. _____

B:2d. _____

B:2a – Opstelling

Opmerkingen en ideeën:

Schotpatroon

B:2b – Opstelling

Opmerkingen en ideeën:

Schotpatroon

B:2c – Opstelling

Opmerkingen en ideeën:

Schotpatroon

B:2d – Opstelling

Opmerkingen en ideeën:

Schotpatroon

B: Groep 3

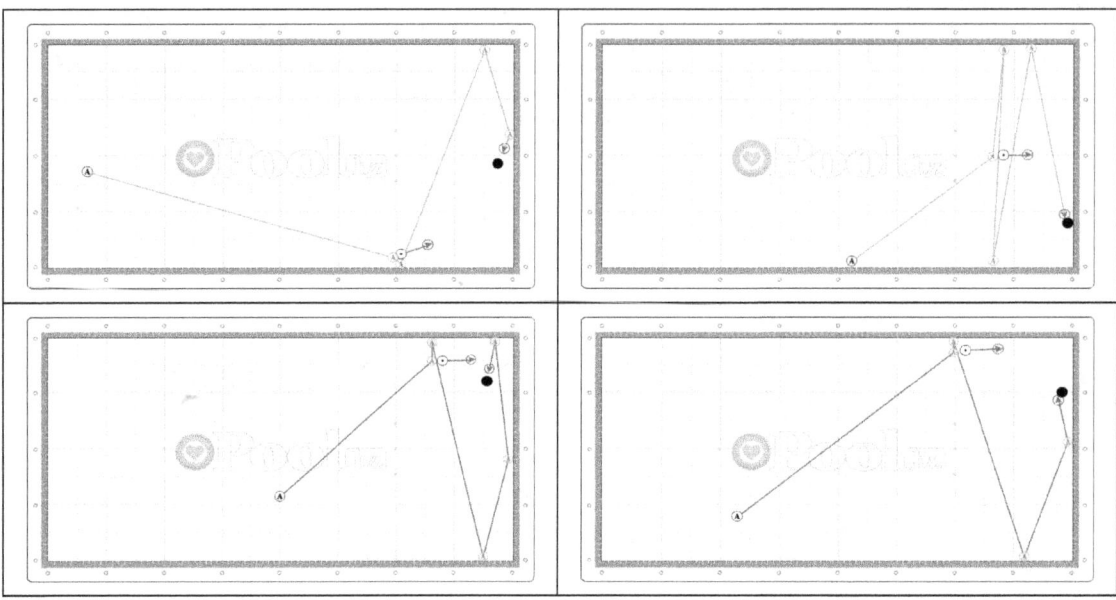

Analyse:

B:3a. _____

B:3b. _____

B:3c. _____

B:3d. _____

B:3a – Opstelling

Opmerkingen en ideeën:

Schotpatroon

B:3b – Opstelling

Opmerkingen en ideeën:

Schotpatroon

B:3c – Opstelling

Opmerkingen en ideeën:

Schotpatroon

B:3d – Opstelling

Opmerkingen en ideeën:

Schotpatroon

B: Groep 4

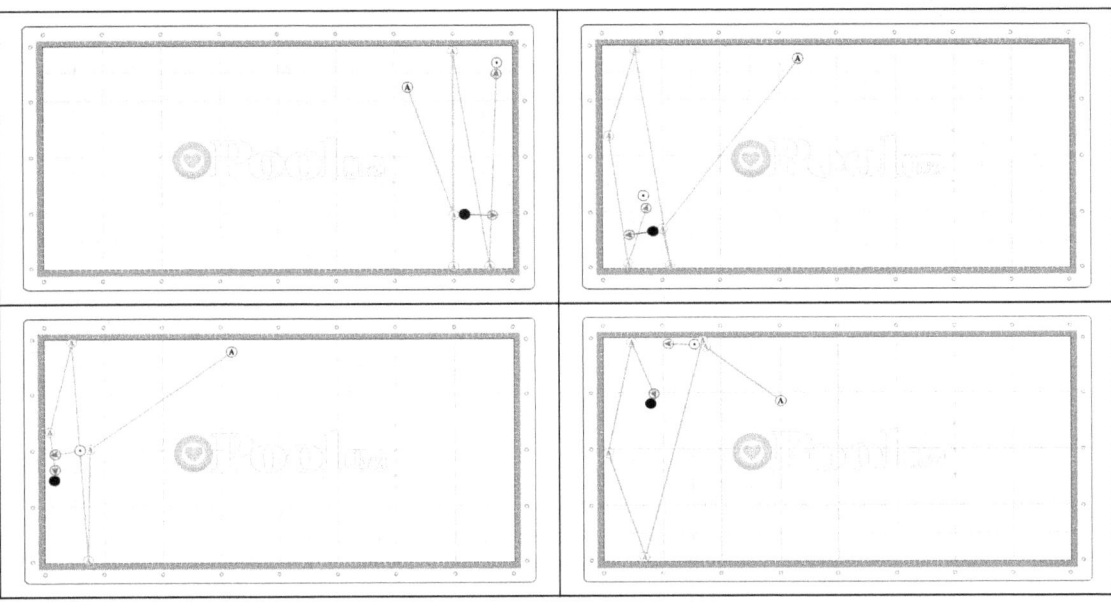

Analyse:

B:4a. _____

B:4b. _____

B:4c. _____

B:4d. _____

B:4a – Opstelling

Opmerkingen en ideeën:

Schotpatroon

B:4b – Opstelling

Opmerkingen en ideeën:

Schotpatroon

B:4c – Opstelling

Opmerkingen en ideeën:

Schotpatroon

B:4d – Opstelling

Opmerkingen en ideeën:

Schotpatroon

B: Groep 5

Analyse:

B:5a. _____

B:5b. _____

B:5c. _____

B:5d. _____

B:5a – Opstelling

Opmerkingen en ideeën:

Schotpatroon

B:5b – Opstelling

Opmerkingen en ideeën:

Schotpatroon

B:5c – Opstelling

Opmerkingen en ideeën:

Schotpatroon

B:5d – Opstelling

Opmerkingen en ideeën:

Schotpatroon

C: Halve tafel zigzag

De (CB) reist binnen een halftafelgebied.

Ⓐ (CB) (uw biljartbal) – ⊙ (OB) (tegenstander biljartbal) – ● (OB) (rode biljartbal)

C: Groep 1

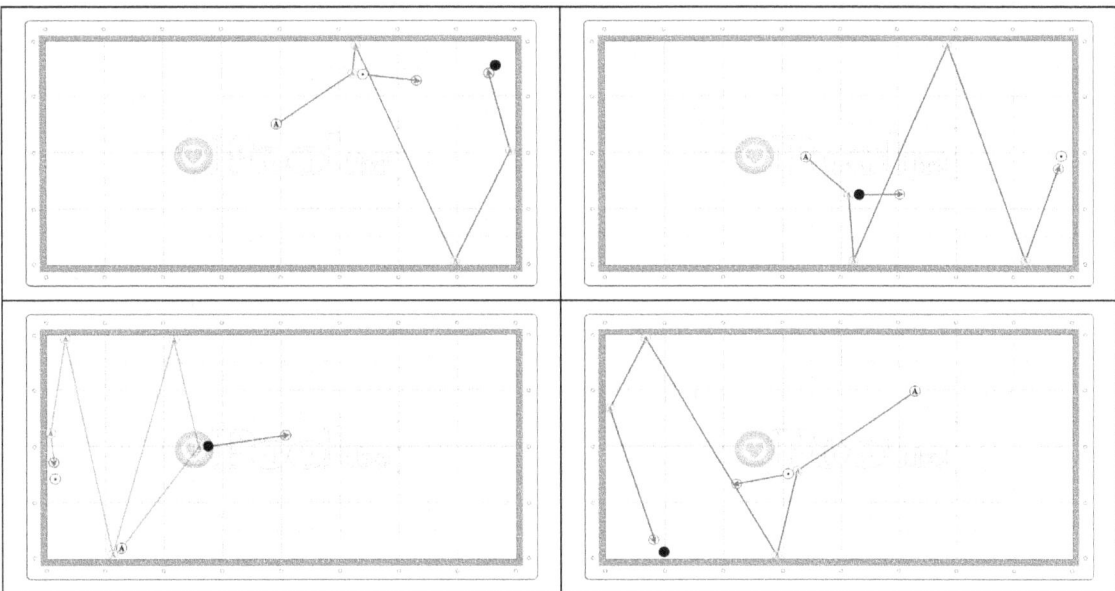

Analyse:

C:1a. _____

C:1b. _____

C:1c. _____

C:1d. _____

C:1a – Opstelling

Opmerkingen en ideeën:

Schotpatroon

C:1b – Opstelling

Opmerkingen en ideeën:

Schotpatroon

C:1c – Opstelling

Opmerkingen en ideeën:

Schotpatroon

C:1d – Opstelling

Opmerkingen en ideeën:

Schotpatroon

C: Groep 2

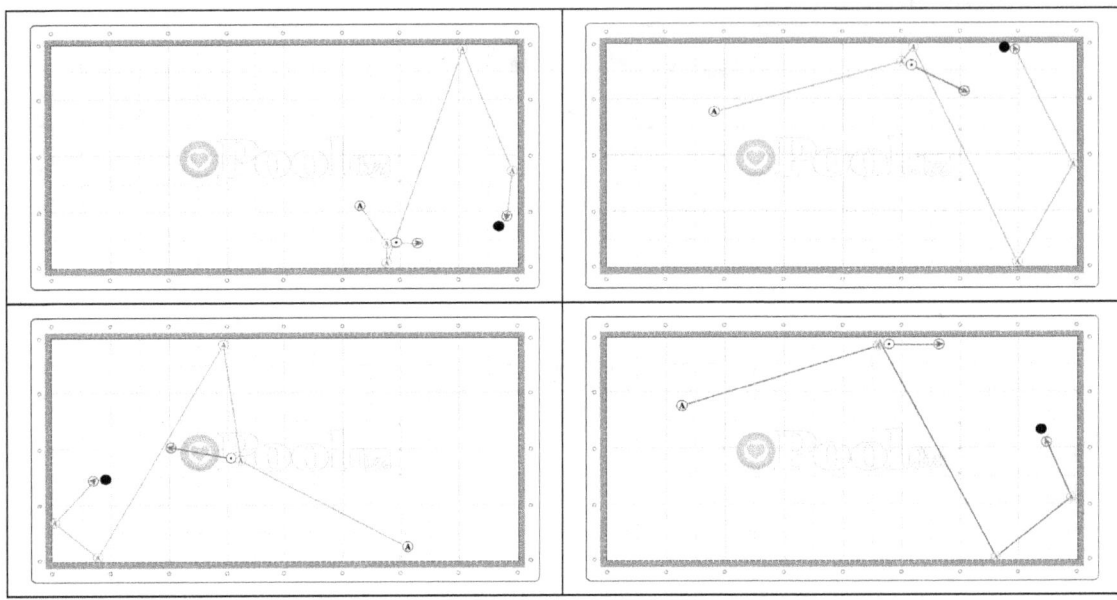

Analyse:

C:2a. _____

C:2b. _____

C:2c. _____

C:3d. _____

C:2a – Opstelling

Opmerkingen en ideeën:

Schotpatroon

C:2b – Opstelling

Opmerkingen en ideeën:

Schotpatroon

C:2c – Opstelling

Opmerkingen en ideeën:

Schotpatroon

C:2d – Opstelling

Opmerkingen en ideeën:

Schotpatroon

C: Groep 3

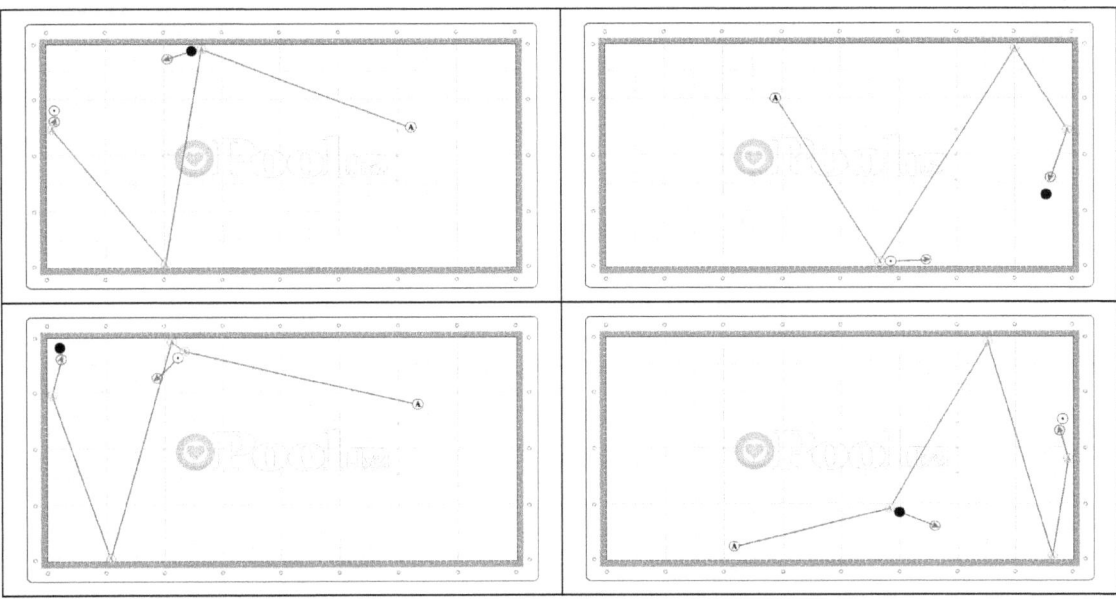

Analyse:

C:3a. _____

C:3b. _____

C:3c. _____

C:3d. _____

C:3a – Opstelling

Opmerkingen en ideeën:

Schotpatroon

C:3b – Opstelling

Opmerkingen en ideeën:

Schotpatroon

C:3c – Opstelling

Opmerkingen en ideeën:

Schotpatroon

C:3d – Opstelling

Opmerkingen en ideeën:

Schotpatroon

C: Groep 4

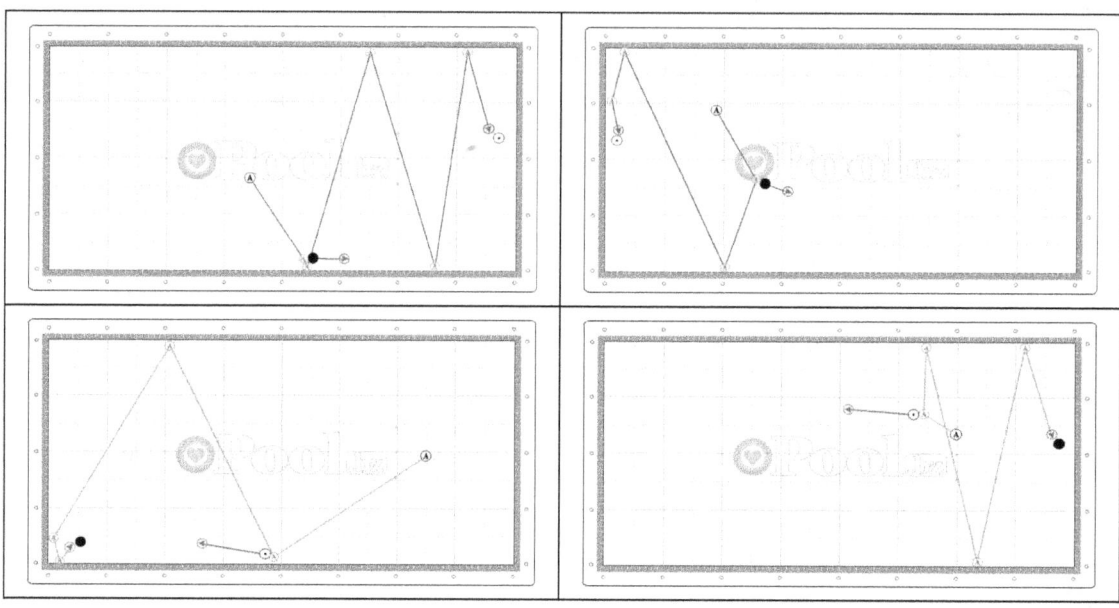

Analyse:

C:4a. _____

C:4b. _____

C:4c. _____

C:4d. _____

C:4a – Opstelling

Opmerkingen en ideeën:

Schotpatroon

C:4b – Opstelling

Opmerkingen en ideeën:

Schotpatroon

C:4c – Opstelling

Opmerkingen en ideeën:

Schotpatroon

C:4d – Opstelling

Opmerkingen en ideeën:

Schotpatroon

D: 3/4 zigzagtafel

Deze (CB) reizen over driekwart van de tafel.

(A) (CB) (uw biljartbal) – ⊙ (OB) (tegenstander biljartbal) – ● (OB) (rode biljartbal)

D: Groep 1

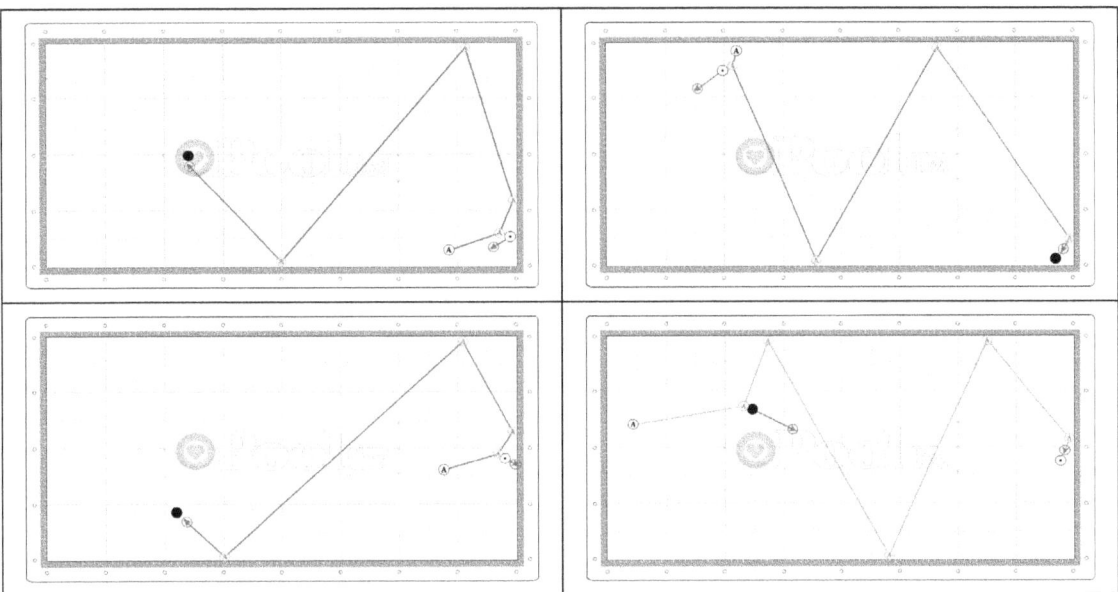

Analyse:

D:1a. _____

D:1b. _____

D:1c. _____

D:1d. _____

D:1a – Opstelling

Opmerkingen en ideeën:

Schotpatroon

D:1b – Opstelling

Opmerkingen en ideeën:

Schotpatroon

D:1c – Opstelling

Opmerkingen en ideeën:

Schotpatroon

D:1d – Opstelling

Opmerkingen en ideeën:

Schotpatroon

D: Groep 2

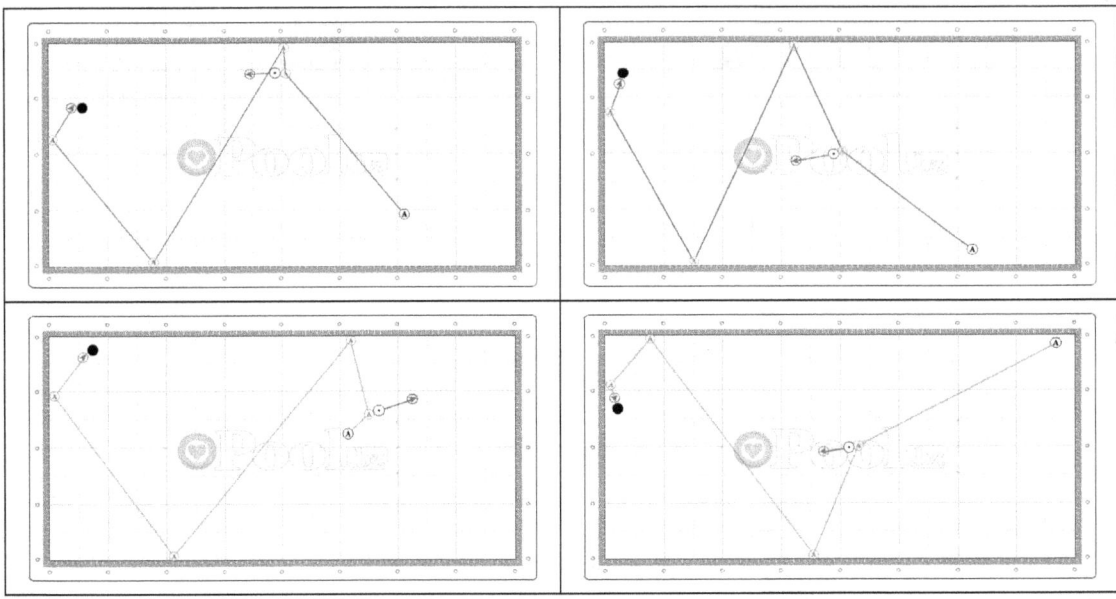

Analyse:

D:2a. _____

D:2b. _____

D:2c. _____

D:2d. _____

D:2a – Opstelling

Opmerkingen en ideeën:

Schotpatroon

D:2b – Opstelling

Opmerkingen en ideeën:

Schotpatroon

D:2c – Opstelling

Opmerkingen en ideeën:

Schotpatroon

D:2d – Opstelling

Opmerkingen en ideeën:

Schotpatroon

D: Groep 3

Analyse:

D:3a. _____

D:3b. _____

D:3c. _____

D:3d. _____

D:3a – Opstelling

Opmerkingen en ideeën:

Schotpatroon

D:3b – Opstelling

Opmerkingen en ideeën:

Schotpatroon

D:3c – Opstelling

Opmerkingen en ideeën:

Schotpatroon

D:3d – Opstelling

Opmerkingen en ideeën:

Schotpatroon

E: Volledige zigzagtafel

De (CB) maakt contact met beide lange biljartbanden terwijl deze de volledige lengte van de tafel aflegt.

Ⓐ (CB) (uw biljartbal) – ⊙ (OB) (tegenstander biljartbal) – ● (OB) (rode biljartbal)

E: Groep 1

Analyse:

E:1a. _____

E:1b. _____

E:1c. _____

E:1d. _____

E:1a – Opstelling

Opmerkingen en ideeën:

Schotpatroon

E:1b – Opstelling

Opmerkingen en ideeën:

Schotpatroon

E:1c – Opstelling

Opmerkingen en ideeën:

Schotpatroon

E:1d – Opstelling

Opmerkingen en ideeën:

Schotpatroon

E: Groep 2

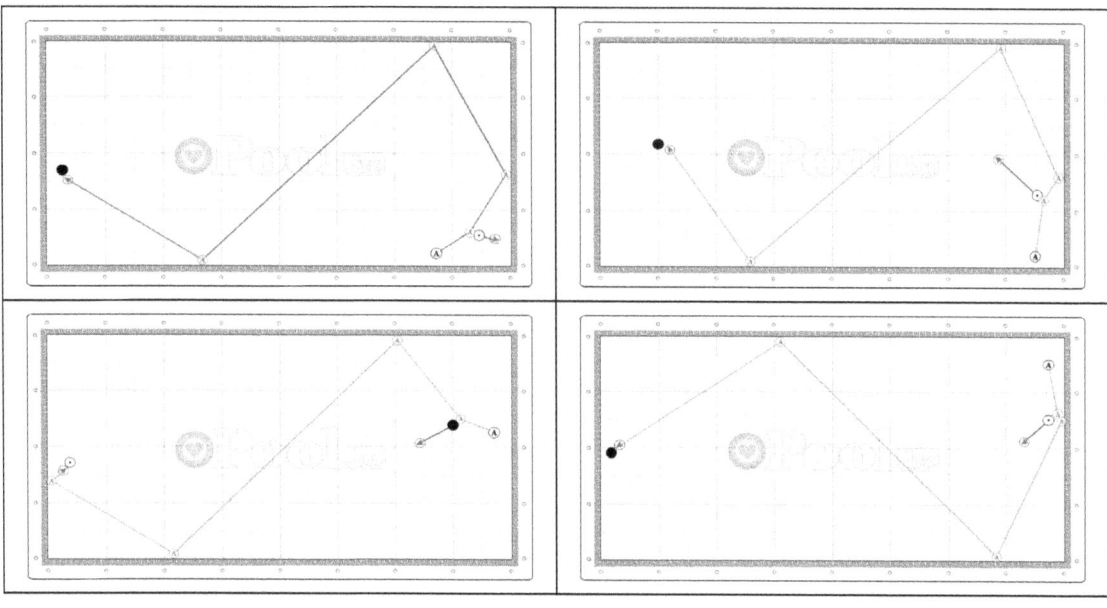

Analyse:

E:2a. _____

E:2b. _____

E:2c. _____

E:2d. _____

E:2a – Opstelling

Opmerkingen en ideeën:

Schotpatroon

E:2b – Opstelling

Opmerkingen en ideeën:

Schotpatroon

E:2c – Opstelling

Opmerkingen en ideeën:

Schotpatroon

E:2d – Opstelling

Opmerkingen en ideeën:

Schotpatroon

F: Lange tafel zigzag

Het (CB) zigzagpatroon beweegt op en neer langs de lange tafel.

Ⓐ (CB) (uw biljartbal) – ⊙ (OB) (tegenstander biljartbal) – ● (OB) (rode biljartbal)

F: Groep 1

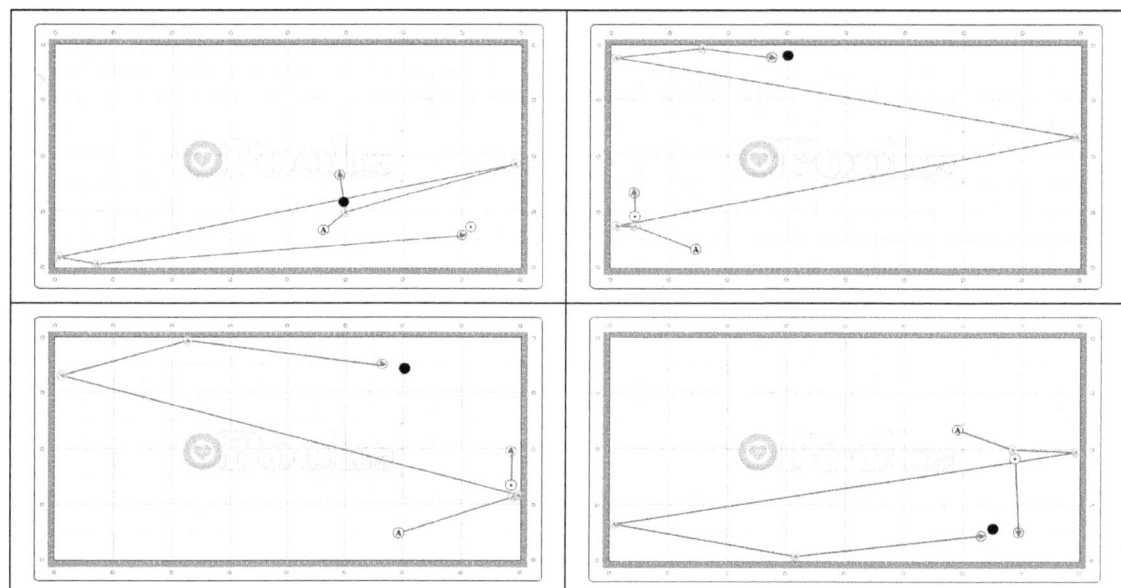

Analyse:

F:1a. _____

F:1b. _____

F:1c. _____

F:1d. _____

F:1a – Opstelling

Opmerkingen en ideeën:

Schotpatroon

F:1b – Opstelling

Opmerkingen en ideeën:

Schotpatroon

F:1c – Opstelling

Opmerkingen en ideeën:

Schotpatroon

F:1d – Opstelling

Opmerkingen en ideeën:

Schotpatroon

F: Groep 2

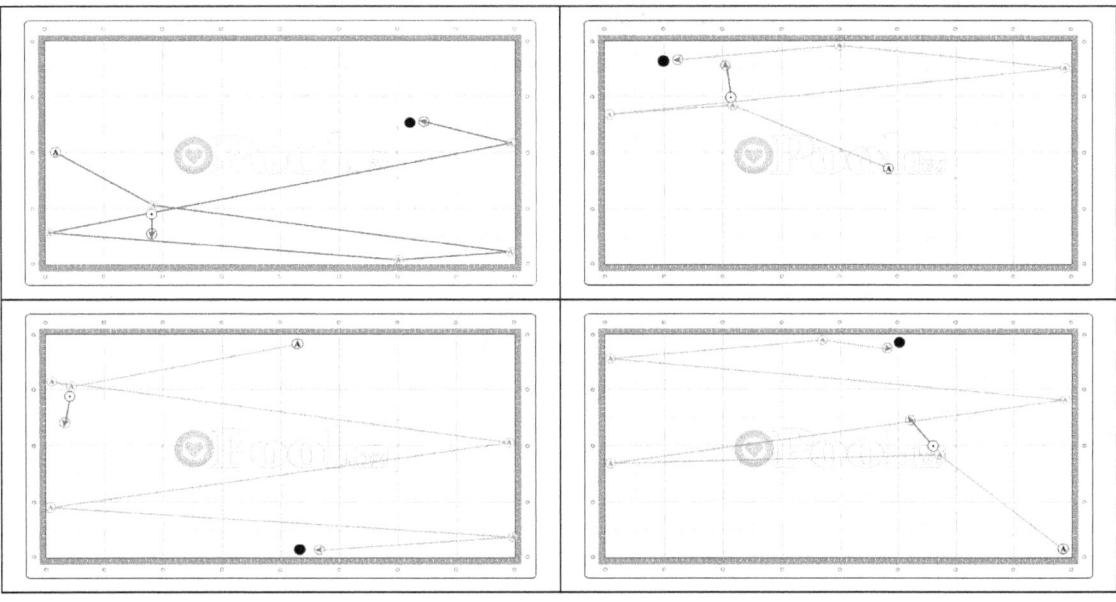

Analyse:

F:2a. _____

F:2b. _____

F:2c. _____

F:2d. _____

F:2a – Opstelling

Opmerkingen en ideeën:

Schotpatroon

F:2b – Opstelling

Opmerkingen en ideeën:

Schotpatroon

F:2c – Opstelling

Opmerkingen en ideeën:

Schotpatroon

F:2d – Opstelling

Opmerkingen en ideeën:

Schotpatroon

F: Groep 3

Analyse:

F:3a. _____

F:3b. _____

F:3c. _____

F:3d. _____

F:3a – Opstelling

Opmerkingen en ideeën:

Schotpatroon

F:3b – Opstelling

Opmerkingen en ideeën:

Schotpatroon

F:3c – Opstelling

Opmerkingen en ideeën:

Schotpatroon

F:3d – Opstelling

Opmerkingen en ideeën:

Schotpatroon

F: Groep 4

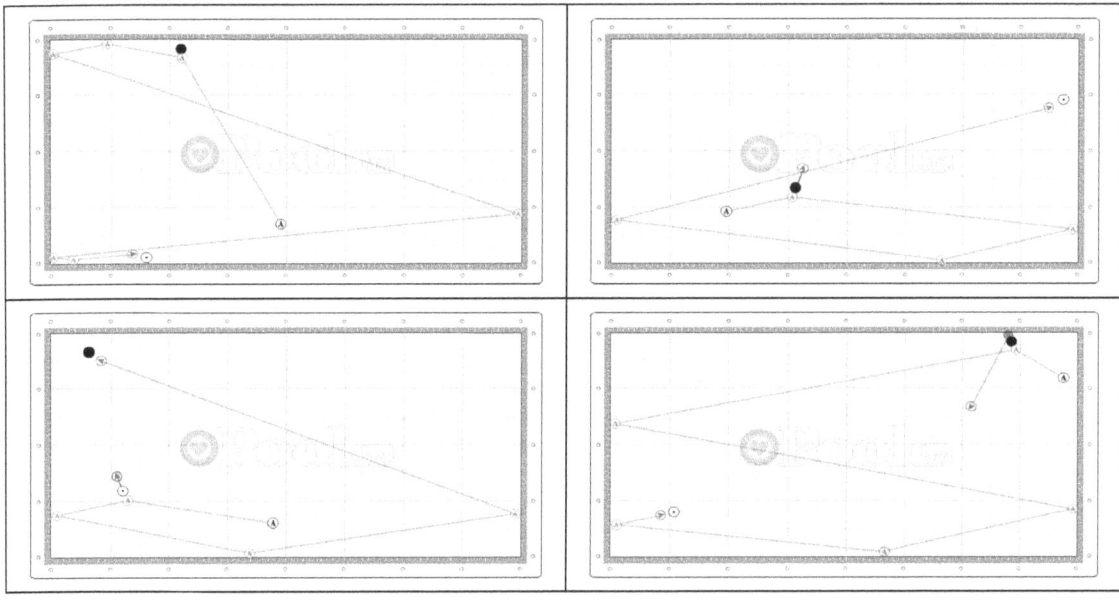

Analyse:

F:4a. _____

F:4b. _____

F:4c. _____

F:4d. _____

F:4a – Opstelling

Opmerkingen en ideeën:

Schotpatroon

F:4b – Opstelling

Opmerkingen en ideeën:

Schotpatroon

F:4c – Opstelling

Opmerkingen en ideeën:

Schotpatroon

F:4d – Opstelling

Opmerkingen en ideeën:

Schotpatroon

F: Groep 5

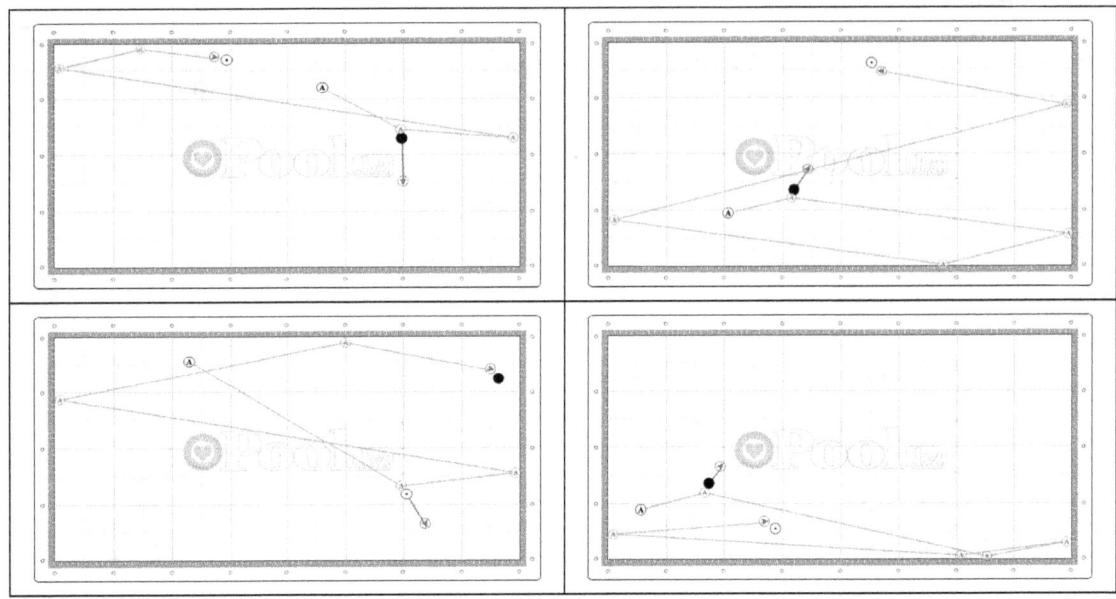

Analyse:

F:5a. _____

F:5b. _____

F:5c. _____

F:5d. _____

F:5a – Opstelling

Opmerkingen en ideeën:

Schotpatroon

F:5b – Opstelling

Opmerkingen en ideeën:

Schotpatroon

F:5c – Opstelling

Opmerkingen en ideeën:

Schotpatroon

F:5d – Opstelling

Opmerkingen en ideeën:

Schotpatroon